Les PME guinéennes face aux défis du renseignement économique

Stratégies, outils et astuces pour tirer son épingle du jeu

Amara KEITA

Les PME guinéennes face aux défis du renseignement économique

Stratégies, outils et astuces pour tirer son épingle du jeu

L'Harmattan
Guinée

5-7, rue de l'École-Polytechnique – 75005 Paris

www.harmattan.fr

ISBN : 978-2-336-58475-1
EAN : 9782336584751

SOMMAIRE

AVANT-PROPOS 7

INTRODUCTION 9

CHAPITRE 1

COMPRENDRE LE RENSEIGNEMENT ÉCONOMIQUE 15

CHAPITRE 2

ÉTAT DES PME EN GUINÉE 25

CHAPITRE 3

LES DÉFIS DU RENSEIGNEMENT ÉCONOMIQUE 35

CHAPITRE 4

STRATEGIES, OUTILS ET ASTUCES POUR TIRER SON EPINGLE DU JEU 45

CHAPITRE 5

DU DIAGNOSTIC À L'ACTION, CONSTRUIRE UNE FEUILLE DE ROUTE POUR LE RENSEIGNEMENT ECONOMIQUE DES PME GUINEENNES 57

CONCLUSION 61

BIBLIOGRAPHIE 63

Annexe 1 : Glossaire stratégique simplifié du renseignement économique 65

Annexe 2 : Comment utiliser ce glossaire dans la vie réelle d'une entreprise ? 67

Annexe 3 : Fiche d'auto-diagnostic : Ma PME est-elle stratégiquement lucide ? 69

Annexe 4 : numériques utiles pour la veille et le renseignement économique........ 73
Annexe 5 : Contacts utiles pour les PME guinéennes (renseignement, appui, structuration) 75
Table des matières........ 79

AVANT-PROPOS

L'idée de rédiger ces paragraphes sur les petites et moyennes entreprises guinéennes m'a traversé l'esprit alors que j'étais encore étudiant en Turquie. À l'instar de nombreux étudiants venant des pays du Sud, la révélation d'un environnement économique vivant en Turquie et où les PME occupent une place prépondérante dans le développement m'a profondément marqué. Cette expérience a éveillé en moi un ensemble de questions : quelles sont les caractéristiques qui différencient les PME de ce pays des nôtres ? Quelle est leur organisation ? Comment fonctionnent-elles ? Comment réussissent-elles à maintenir leur compétitivité dans un marché qui est simultanément exigeant et très concurrentiel ? Ces questions, à l'époque, reposaient souvent sur des préconceptions ou des préjugés, parfois nourris par la légende du « savoir-faire de l'homme blanc ».

Ce n'est que plusieurs années plus tard, grâce à mon parcours universitaire et à une curiosité en constante augmentation, que les premières réponses concrètes ont commencé à voir le jour. J'ai assimilé beaucoup de leçons que j'ai retenues en mémoire. C'est en particulier à travers mes séjours en Corée du Sud et au Japon que j'ai véritablement compris une chose fondamentale : les ressemblances entre les pays du Nord ne sont pas accidentelles. Effectivement, j'ai saisi que les nations du Nord, à l'instar de certaines puissantes économies émergentes, partagent une perspective économique commune. Ils mettent en place des stratégies où les PME occupent une position de catalyseur, agissant comme un soutien pour les grandes industries afin de renforcer durablement l'économie du pays.

Par contre, dans les pays du Sud comme la Guinée, les PME font fréquemment face à une concurrence directe (parfois déloyale) provenant de grandes entreprises, qu'elles soient de portée nationale ou internationale. Cette compétition se manifeste particulièrement en matière d'accès aux marchés publics, de liberté concurrentielle et de sauvegarde des droits de propriété intellectuelle.

Ces observations m'ont profondément touché et ont éveillé en moi l'envie de participer, à ma manière, aussi modeste soit-elle. Peu importe si cela trouvera une résonance, je ressentais le besoin de formuler une proposition tangible à la fin de mon cursus universitaire. Pour moi, l'un des moyens les plus appropriés de diffuser mes idées de manière étendue était de les compiler dans un livre dédié à l'avenir des PME en Guinée. Car à l'issue de ce parcours jalonné d'observations, d'interrogations et de découvertes, une conviction s'est imposée : il ne s'agit pas simplement de repenser le rôle des PME en Guinée par choix, mais par nécessité. Ainsi, ce livre se positionne comme une contribution à cette réflexion, dans l'espoir de susciter de nouvelles idées pour un développement plus inclusif, cohérent et durable.

INTRODUCTION

La Guinée, qui regorge de ressources naturelles, se trouve à un point crucial de son développement. Le pays attire les regards internationaux grâce à ses réserves minières exceptionnelles et un potentiel de croissance affiché. Pour 2025, les estimations divergent considérablement : le gouvernement prévoit une augmentation de 7 %, stimulée en grande partie par le projet stratégique de Simandou (Convergence Guinée, 2024), alors que la Banque mondiale, plus optimiste, anticipe une croissance de 11,3 % (Banque mondiale, 2025).

Cette dynamique s'appuie principalement sur l'exploitation des ressources minérales. Selon Coface (2024), les secteurs extractifs constituaient 21 % du PIB en 2023 et étaient à l'origine de près de 90 % des recettes d'exportation. La mine de fer de Simandou, renfermant une estimation de 2,8 milliards de tonnes de réserves, symbolise cette tendance économique. Avec une évaluation à 20 milliards de dollars, ce projet qui englobe la construction d'une ligne ferroviaire de 600 km et d'un port en eau profonde incarne à lui seul les aspirations minières du pays (Rio Tinto, 2023 ; Financial Times, 2024). Selon le FMI (2024), en 2023, les activités minières constituaient approximativement 35 % du produit intérieur brut.

Mais, cette dépendance à l'exploitation minière, plutôt qu'un moteur de transformation structurelle, expose la Guinée à des risques systémiques. L'économie nationale reste étroitement liée aux fluctuations des marchés mondiaux, et en particulier à la demande asiatique en bauxite (Coface, 2024).

En outre, bien que l'inflation soit relativement maîtrisée, le taux de 7,8 % noté en 2023 demeure élevé pour un pays aspirant à la stabilité macroéconomique (Banque africaine de développement, 2024).

Ce déséquilibre est amplifié par une structure économique dominée par le secteur informel. Ce secteur, qui embauche près de 96 % de la population active, génère approximativement 42 % du PIB (Coface, 2024). Ce modèle entrave l'organisation des PME, restreint l'expansion de la base fiscale gouvernementale et fait obstacle à l'application de politiques économiques pérennes. L'expansion minière, si elle n'est pas soutenue par une stratégie de diversification stricte, risque d'intensifier davantage ces vulnérabilités.

Cette concentration économique, axée sur l'industrie minière, se réalise fréquemment au détriment d'autres secteurs tout aussi essentiels pour un développement équilibré. Par exemple, le secteur agricole génère environ 20 % du PIB (TheGlobalEconomy.com, 2023) et constitue la principale source de revenus pour une grande partie des ménages guinéens, surtout en zone rurale. Bien que ce secteur soit crucial pour la sécurité alimentaire et l'équilibre social, il demeure marginalisé dans les politiques économiques d'envergure.

De même, les petites et moyennes entreprises (PME) représentent un moteur essentiel pour la diversification. Principalement engagées dans les secteurs du commerce, des services et de l'agroalimentaire, elles constituent presque 80 % de la trame entrepreneuriale officielle et contribuent entre 18 et 20 % à la formation du PIB (Fondjo, 2022). Les PME, au-delà de leur importance économique, ont un rôle essentiel dans la génération d'emplois, la réduction du chômage chez les jeunes et l'établissement local de l'innovation (Banque mondiale, 2024). Pourtant, elles évoluent dans un environnement structurellement contraint.

L'accès au financement demeure le principal obstacle. Selon Progress Consultants et Partners Sarl (2024), moins de

4 % des petites entreprises guinéennes parviennent à obtenir un crédit bancaire, tandis que seulement 8 % des structures de taille moyenne disposent d'une ligne de financement. Ce manque de financement restreint leur potentiel en termes d'investissement, d'innovation et de compétitivité. On constate également une lourde régulation, inadaptée à la situation réelle des TPE et PME, couplée à un manque flagrant d'accès à l'information économique. Selon une étude de Progress Consultants et Partners Sarl (2024), presque 70 % des chefs d'entreprises ne connaissent pas les mesures publiques de soutien ou de financement.

L'association de ces contraintes structurelles génère une informalité considérable. Selon Makers Africa (2023), environ 80 % de la population active travaille en dehors du cadre légal et fiscal, ce qui prive l'État de ressources cruciales et les entreprises de protections indispensables. Cette absence de formalité omniprésente entrave la structuration des PME, étrangle le fisc local et empêche la formation d'un véritable réseau économique organisé. En d'autres termes, sans une stratégie proactive de soutien aux PME, la diversification économique de la Guinée demeurera un objectif dépourvu de véritable instrument.

Dans ce contexte de dépendance sectorielle, d'économie fragmentée et de sous-performance structurelle, une discipline demeure étonnamment absente des pratiques économiques guinéennes : le renseignement économique. Bien plus qu'un simple agrégat de données, le renseignement économique constitue un outil de pilotage stratégique. Il permet aux acteurs économiques d'anticiper les risques géopolitiques, de détecter les mouvements concurrentiels, de surveiller les ruptures technologiques bref, de mieux décider dans un environnement incertain. Pour la Guinée, son intégration systématique représenterait un levier de transformation à trois niveaux fondamentaux :

Premièrement, une transition du non organisé vers l'organisé. Le renseignement peut accompagner les PME dans leur formalisation en leur offrant une meilleure visibilité sur les opportunités d'accès aux marchés publics, aux financements structurés, et aux partenariats internationaux. Informées et mieux structurées, ces entreprises renforceraient leur crédibilité tout en contribuant à élargir la base fiscale de l'État.

Deuxièmement, passer de la survie à l'innovation. Par la veille concurrentielle et technologique, les PME peuvent adapter leurs offres aux évolutions du marché. Cela est particulièrement vrai dans le secteur de l'agro-transformation, où les marges de progrès sont considérables. Des outils simples de veille peuvent permettre à de petites structures d'innover à moindre coût, de différencier leurs produits et d'exploiter des niches encore inexplorées.

Enfin, du repli à l'interconnexion. Cartographier les acteurs économiques (fournisseurs, investisseurs, institutions, clusters) permettrait de faire émerger de véritables écosystèmes productifs. Cette logique de mise en réseau est déjà amorcée dans certains projets d'envergure. La Zone économique spéciale (ZES) de Boké en constitue un exemple concret. S'étendant sur plus de 7 000 hectares entre Kolaboui et Kamsar, elle ambitionne de créer une ville industrielle moderne intégrant des infrastructures agricoles, logistiques et résidentielles (Guineemining, 2023). Le projet prévoit la création de milliers d'emplois et l'amélioration des conditions de vie des populations locales (FAAPA, 2023). C'est cette synergie entre planification stratégique et intelligence collective que le renseignement économique rend possible à l'échelle nationale.

Pourtant, malgré son potentiel, cette pratique reste largement ignorée. En 2024, seulement 5 % des PME guinéennes déclaraient intégrer une démarche de renseignement économique dans leur stratégie (Progress Consultants et Partners Sarl, 2024). Le problème est aussi institutionnel : aucun cursus universitaire certifié en Guinée ne couvre spécifiquement cette discipline. Certaines structures, comme l'Institut Universitaire des Hautes Études de Guinée (IUHEG), proposent des formations en économie appliquée, mais sans volet opérationnel sur la veille ou le renseignement économique ou intelligence économique (IUHEG, 2025).

C'est à ce vide que le présent ouvrage entend répondre. En offrant une étude rigoureuse, contextualisée et orientée vers l'action, ce livre vise à doter les décideurs, entrepreneurs et chercheurs d'outils concrets pour comprendre les enjeux, surmonter les freins et tirer parti des opportunités qu'offre le renseignement économique en Guinée. Loin d'être une lubie technocratique, il s'agit ici d'un impératif stratégique pour construire une économie résiliente, compétitive et souveraine.

Ce livre s'articule en cinq chapitres, conçus pour offrir une compréhension progressive, ciblée et applicable de la problématique traitée. Le premier chapitre pose les bases conceptuelles du renseignement économique, en exposant ses principes, ses fonctions et sa pertinence dans les économies émergentes. Le second s'attarde sur les réalités spécifiques des petites et moyennes entreprises en Guinée : leur poids économique, leurs contraintes structurelles, mais aussi leur potentiel latent. Le troisième chapitre identifie les principaux obstacles à l'implantation du renseignement économique dans le contexte guinéen, qu'ils soient culturels, institutionnels ou technologiques. Le quatrième chapitre propose une véritable boîte à outils stratégique : méthodes de veille, dispositifs collaboratifs, bonnes pratiques à l'échelle locale ou internationale, autant de leviers concrets pour aider les PME à passer d'une logique de survie à une dynamique d'anticipation, d'innovation et de compétitivité. Dans cette perspective, le cinquième chapitre prolonge la réflexion en traduisant le diagnostic en actions structurées. Il s'attache à définir les conditions d'une gouvernance efficace du renseignement économique, à ancrer les dispositifs dans les territoires, à articuler les stratégies du renseignement économique avec les politiques publiques de soutien aux

PME, tout en introduisant des démarches d'innovation adaptées aux contraintes locales. L'ensemble vise à offrir une feuille de route opérationnelle, accompagnée d'outils de pilotage et d'évaluation, pour faire du renseignement économique un levier durable de transformation stratégique.

L'ambition de cet ouvrage est claire : il ne s'agit pas d'un simple exposé théorique, mais d'un manuel opérationnel. Il démontre qu'une stratégie fondée sur le renseignement économique et la valorisation des PME peut devenir un moteur réel de transformation pour la Guinée. Une transformation qui conjugue croissance économique, résilience structurelle et équité territoriale. En fournissant aux acteurs économiques (chefs d'entreprise, institutions, décideurs publics) des outils concrets pour anticiper les risques, capter les signaux faibles et agir avec discernement, ce livre entend contribuer, modestement, mais résolument, à la construction d'une économie guinéenne plus compétitive et alignée sur les défis de son temps.

clandestines, souvent illégales : piratage informatique, infiltration de personnel, manipulation, ou vol de données confidentielles. L'intention est différente, tout comme le cadre légal, les moyens utilisés, et l'éthique mobilisée. L'espionnage vise à obtenir un avantage par la dissimulation ; le renseignement économique vise à construire une stratégie par la compréhension (France IE, 2020).

Ces deux approches ne sont pas simplement distinctes : elles sont opposées. Le renseignement économique se construit dans un cadre normatif précis, celui de la gouvernance de l'information stratégique. Il s'agit d'établir une politique claire : qui collecte ? Qui analyse ? Selon quelles règles ? Avec quels outils ? Il ne s'agit pas de contourner, mais de structurer. Il ne s'agit pas de dissimuler, mais de renforcer la lisibilité du réel. La confusion entre ces deux notions dessert gravement les entreprises, car elle freine l'adoption d'outils pourtant vitaux à leur compétitivité.

Tableau explicatif renseignement économique versus espionnage

Critère	**Renseignement économique**	**Espionnage**
Légalité	Légal	Illégal
Méthodes	Ouvertes, éthiques, analytiques	Clandestines, intrusives, illégales
Sources	Publiques ou accessibles	Confidentielles ou volées
Finalité	Prise de décision, stratégie	Détournement, nuisance
Posture	Lucide, proactive, constructive	Aggressive, destructrice, risquée

Pour clarifier définitivement cette frontière, trois critères essentiels permettent de distinguer le renseignement économique de l'espionnage : la source de l'information, la finalité, et la méthode. Dans le premier cas, les sources sont publiques, même si elles nécessitent des compétences pour être exploitées. Dans le second, les données sont confidentielles et leur obtention viole le cadre légal. La finalité, ensuite, diffère profondément : l'un éclaire la stratégie, l'autre sabote la concurrence. Enfin, les méthodes du renseignement sont transparentes, traçables, structurées ; celles de l'espionnage sont furtives, agressives et souvent destructrices. Cette distinction, établie dans les travaux de Harbulot (2012) comme dans les normes de France Intelligence Économique, est désormais bien codifiée.

Le maintien de l'amalgame est souvent entretenu par ignorance, ou par une volonté de dramatiser le rôle stratégique de l'information. Certains acteurs assimilent, à tort, toute démarche de veille à une tentative d'intrusion. D'autres utilisent l'ambiguïté pour justifier des pratiques discutables. Il est donc indispensable d'instaurer un cadre éthique, mais aussi pédagogique, autour de la gouvernance de l'information.

Adopter une démarche de renseignement économique exige de clarifier les rôles dans l'entreprise : qui fait quoi ? Avec quelles limites ? Cela suppose aussi de former les équipes aux outils de veille, aux règles juridiques en vigueur, et aux questions de sécurité numérique. Une charte éthique interne peut s'avérer précieuse pour baliser le terrain. En outre, le renseignement doit être pensé comme une fonction intégrée à la stratégie d'entreprise pas comme un dispositif à part, réservé à quelques initiés. Le renseignement économique est un outil d'intelligence, pas de ruse. Il exige rigueur, méthode, responsabilité. Il ne s'agit pas d'espionner ce que fait le voisin, mais de comprendre comment évolue son propre environnement pour mieux s'y positionner. Clarifier cette différence est fondamental : cela permet d'éviter des dérives, mais surtout, cela donne au renseignement économique la place qui lui revient celle d'un levier d'anticipation, de sécurité et de performance dans un monde incertain.

1.3. Rôle du renseignement économique dans la prise de décision des PME

Contrairement à une idée reçue, le renseignement économique ne concerne pas exclusivement les grandes entreprises ou les institutions d'État. Il s'applique avec une acuité particulière aux petites et moyennes entreprises (PME), qui évoluent dans un environnement souvent instable, concurrentiel, et sous contrainte de ressources. Là où les grandes structures peuvent s'appuyer sur des départements spécialisés, les PME doivent agir rapidement, souvent avec peu de marge d'erreur. Dans ce contexte, disposer de l'information juste, au bon moment, peut faire la différence entre un développement maîtrisé et une décision risquée.

Le renseignement économique apporte aux PME une capacité de clarification dans la complexité. Il ne s'agit pas pour elles de mettre en place des dispositifs lourds ou technologiques coûteux, mais d'intégrer, au cœur de leur fonctionnement, une culture de l'information orientée vers la décision. Cela commence par l'identification des besoins stratégiques : quels sont les marchés visés ? Qui sont les concurrents directs ou indirects ? Quelles réglementations émergent ? Quels signaux du terrain méritent d'être captés et analysés ? La réponse à ces questions ne nécessite pas d'infrastructure sophistiquée, mais un état d'esprit rigoureux, structuré, orienté vers l'apprentissage et l'anticipation.

Dans la réalité guinéenne, comme dans de nombreux contextes africains, la prise de décision en PME repose encore très souvent sur l'intuition, le réseau informel ou l'expérience personnelle. Ces ressources sont précieuses, mais elles deviennent insuffisantes dans un monde où les cycles d'innovation s'accélèrent, où les marchés se reconfigurent rapidement, et où les erreurs se paient cher. C'est ici que le renseignement économique devient un outil de sécurisation. Il permet de structurer le raisonnement, de valider des intuitions, de croiser les sources et de poser les bonnes questions avant d'agir.

Prenons un exemple simple. Une PME envisage de se lancer sur un nouveau marché régional. Sans méthode, elle se fie à des impressions vagues, des retours ponctuels, ou à la recommandation d'un partenaire. Si elle engage même une veille minimale (analyse des acteurs présents, comportements d'achat des clients, cadres réglementaires, contraintes logistiques, signaux technologiques), elle diminue drastiquement son exposition au risque. Elle peut alors décider d'adapter son produit, de différer son entrée, de nouer une alliance ou de cibler un segment plus porteur. Le renseignement, ici, n'est pas un luxe : c'est un instrument de rationalisation.

Ce processus peut rester artisanal, mais il doit être régulier. Il ne s'agit pas de produire des rapports complexes. Il s'agit de mettre en place une vigilance fonctionnelle, distribuée dans l'entreprise. Un vendeur peut repérer un changement d'attitude chez un client. Un technicien peut détecter une tendance lors d'un salon professionnel. Un gestionnaire peut remarquer une évolution dans les appels d'offres. Tous ces signaux sont utiles à condition d'être interprétés et mis en commun. Le renseignement économique permet de relier ces points, d'identifier des tendances, et de bâtir une stratégie adaptée.

Selon une étude de l'OCDE (2020), les PME qui intègrent une fonction de veille structurée (même légère) connaissent une meilleure performance à moyen terme, en particulier dans les environnements incertains. C'est donc moins une question de moyens qu'une question de méthode. Encore faut-il que cette méthode soit enseignée, valorisée et adaptée à la réalité locale. En Guinée, où les PME font face à un accès limité à l'information stratégique, promouvoir cette approche devient une priorité.

Cela nécessite une évolution culturelle. Trop souvent, le renseignement est perçu comme une démarche réservée à une élite, ou comme une activité technique et désincarnée. Il faut au contraire en faire un réflexe quotidien. Regarder avant d'agir. Vérifier avant de s'engager. Croiser les sources avant de conclure. Ce sont des gestes simples, mais structurants.

Intégrés à la prise de décision, ils permettent de réduire les risques et d'identifier des opportunités que l'on aurait autrement ignorées : un concurrent affaibli, une réglementation favorable, un besoin client émergent, un vide laissé par un acteur dominant.

Le renseignement économique n'élimine pas l'incertitude, mais il la rend plus lisible. Il transforme le flou en scénario, et l'hypothèse en choix informé. Il n'exige pas des PME qu'elles deviennent expertes en intelligence, mais qu'elles adoptent une logique d'entrepreneur éclairé. Celui qui n'agit plus à l'aveugle, mais avec une conscience affinée de son environnement. Celui qui comprend qu'avoir moins de moyens ne signifie pas avoir moins d'intelligence stratégique. Celui qui fait de la lucidité un avantage concurrentiel.

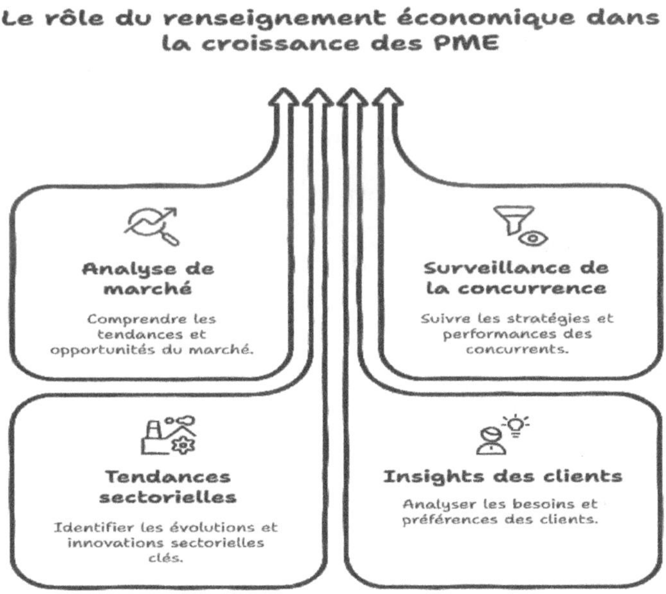

Dans cette perspective, le renseignement économique devient une habitude structurante. Il ne s'agit plus d'un projet ponctuel, mais d'un processus ancré dans la vie de l'entreprise.

Il peut être porté par une seule personne ou diffusé à travers toute l'équipe. Ce qui compte, ce n'est pas la taille de l'outil, mais la régularité de l'attention. Une PME qui cultive cette posture gagne en agilité, en réactivité et en pertinence stratégique. Et dans un monde où l'erreur coûte cher, cette vigilance peut faire toute la différence.

CHAPITRE 2

ÉTAT DES PME EN GUINÉE

2.1. Le paysage des PME guinéennes : structure, réalités et dynamiques sectorielles

Pour évaluer la place du renseignement économique dans l'appareil productif guinéen, il est essentiel de comprendre d'abord le profil réel des petites et moyennes entreprises (PME). Celles-ci constituent le socle de l'économie nationale : elles représentent près de 80 % des entreprises formellement enregistrées et contribuent entre 18 et 20 % du produit intérieur brut (Fondjo, 2022 ; Banque mondiale, 2024). Ce poids économique s'accompagne d'une fonction sociale importante, notamment dans l'absorption de l'emploi informel, l'intégration des jeunes et des femmes, et la vitalité des économies locales.

Les PME guinéennes évoluent dans une large diversité sectorielle. L'agriculture, portée par des conditions agroécologiques favorables et une population majoritairement rurale, reste prédominante. Elle couvre la production vivrière, l'agroalimentaire, et une partie de la transformation primaire. L'industrie reste peu développée, mais on note la présence d'entreprises artisanales dans la fabrication de matériaux de construction, la mécanique, l'agro-transformation ou la menuiserie. Dans les zones urbaines, notamment à Conakry, les services prennent une importance croissante : commerce de détail, transport, santé, éducation, nouvelles technologies, et activités de sous-traitance industrielle. L'élevage, la pêche et la logistique minière complètent ce panorama, bien que la plupart de ces activités restent à faible valeur ajoutée.

La majorité des PME guinéennes sont de très petite taille. Beaucoup relèvent de structures informelles ou semi-formelles, organisées autour d'une gouvernance familiale, avec une faible séparation entre la gestion, la propriété et l'exploitation. Elles emploient en moyenne moins de cinq personnes, disposent de peu de capital, et fonctionnent sans outils de gestion structurés. En dehors de Conakry, la densité économique est faible, et l'accès aux ressources (financements, infrastructures, compétences) reste inégal. Cette fracture territoriale constitue un frein majeur à leur structuration et à leur intégration dans une logique nationale de développement.

Parmi les contraintes les plus structurelles, le financement arrive en tête. À peine 10 % des PME accèdent à un crédit bancaire ou à un produit financier structuré ; plus de 90 % recourent à l'autofinancement ou aux circuits informels (Banque africaine de développement, 2023). L'absence de garanties, le manque de transparence comptable, la faible bancarisation et la méfiance mutuelle entre banques et entrepreneurs entretiennent un cercle vicieux d'exclusion. Ce déficit de financement limite les capacités d'investissement, d'innovation et de développement de l'outil productif.

Les capacités de gestion constituent un autre verrou. Une majorité d'entrepreneurs ne dispose pas de formation en gestion stratégique, en comptabilité ou en finance. Selon Progress Consultants (2024), près de 70 % des dirigeants de PME n'ont accès à aucun accompagnement managérial. En l'absence de services de conseil accessibles et de dispositifs publics efficaces, ces entreprises naviguent à vue. Cela compromet leur résilience, leur capacité à convaincre des investisseurs ou à répondre à des appels d'offres structurés.

Commerce, de l'Industrie et des PME, Agence de Promotion des Investissements Privés (APIP), Agence Guinéenne pour la Promotion de l'Emploi (AGUIPE), centres de gestion agréés, incubateurs, chambres consulaires, etc. En apparence, l'arsenal est riche. En pratique, il demeure morcelé, faiblement articulé, et peu lisible pour les entrepreneurs.

Le premier défi est celui de la cohérence stratégique. Les dispositifs publics souffrent d'un déficit de coordination et de vision systémique. Trop souvent, les programmes se superposent ou se concurrencent, sans articulation claire ni continuité. Les mesures annoncées (exonérations fiscales, lignes de crédit, accompagnement à la gestion) restent soit inappliquées, soit mal adaptées aux réalités du terrain. L'écart entre la politique publique formulée et la demande entrepreneuriale réelle reste profond, ce qui diminue l'impact potentiel des interventions.

Un autre obstacle majeur réside dans la répartition inégale des infrastructures d'accompagnement. Les rares structures actives (incubateurs, guichets uniques, espaces de coworking) sont concentrées à Conakry. Dans les régions, les PME restent largement isolées, sans appui technique, sans information stratégique, sans relais institutionnel.

Ce déséquilibre territorial renforce la marginalisation économique de vastes zones et concentre l'innovation et l'investissement dans un espace géographique restreint. Prenons l'exemple d'un centre d'appui régional à Mamou, lancé avec l'appui d'un bailleur international. Bien que bien équipé au départ, le manque de personnel formé, l'absence de budget de fonctionnement stable et l'absence de liens avec les acteurs locaux ont conduit à sa sous-utilisation. Ce cas n'est pas isolé : il illustre une dynamique récurrente d'initiatives prometteuses, mais inachevées faute de vision opérationnelle durable.

À cela s'ajoute un déficit d'accompagnement technique crédible. Les structures censées soutenir les PME manquent souvent de ressources humaines qualifiées, de référentiels professionnels, ou d'outils modernes. L'appui se réduit à des formations génériques, sans suivi individualisé ni ancrage sectoriel. En outre, les données économiques fiables, locales, accessibles, sont quasi inexistantes. Il n'existe pas, à ce jour, de système national d'information économique destiné aux PME. Ce vide freine toute logique de renseignement économique à l'échelle territoriale. La défiance à l'égard des institutions aggrave ce tableau. Beaucoup de dirigeants de PME perçoivent les structures publiques comme opaques, bureaucratiques, voire clientélistes. Ils ne s'y retrouvent pas, faute de clarté dans les démarches, de résultats visibles ou de considération de leurs spécificités. Cette perception alimente une culture de l'autonomie isolée : les entrepreneurs se replient sur leurs réseaux personnels, opérant en marge des politiques de soutien.

Pour clarifier ce paysage, voici une cartographie synthétique des principaux acteurs de l'écosystème d'appui :

Acteur	**Rôle potentiel**	**Frein actuel**	**Opportunité stratégique**
APIP	Guichet unique, formalisation	Portail peu connu en région	Digitalisation + campagnes ciblées
Chambres consulaires	Interface public-privé	Faible présence locale	Réactivation en réseau régional
ONG/Incubateurs	Formation et mentoring	Manque de financement pérenne	Co-construction de modules sectoriels
Institutions financières	Accès au crédit et à l'investissement	Exigence hors de portée des PME	Co-développement de fonds de garantie

Malgré ces limites, des signaux encourageants apparaissent : essor de plateformes comme celle de l'APIP, multiplication des hubs technologiques à Conakry, implication croissante de bailleurs internationaux (Banque mondiale, AFD, Enabel), structuration embryonnaire de programmes d'accélération. Ces dynamiques doivent être systématisées, étendues aux zones rurales et inscrites dans une logique de long terme.

Le renseignement économique, à ce stade, représente une opportunité stratégique sous-utilisée. Il pourrait agir comme catalyseur et lien transversal : structurer la circulation de l'information, cartographier les besoins réels, détecter les gisements de potentiel entrepreneurial. Il ne s'agit pas de créer une nouvelle structure, mais d'instaurer une intelligence économique collective, orientée sur le terrain, capable d'éclairer les arbitrages publics et les stratégies privées.

Un réseau d'agents territoriaux de veille, adossés aux chambres régionales de commerce, pourrait alimenter cette dynamique. Leur mission : recueillir les signaux faibles, identifier les freins concrets, relayer les innovations locales, structurer les retours d'expérience. Ce maillage souple, peu coûteux, mais ancré localement, créerait une boucle d'information ascendante cruciale pour adapter l'appui institutionnel. En somme, une stratégie de renseignement économique intégrée permettrait de transformer un paysage fragmenté en un écosystème agile et connecté. C'est à cette condition que les PME pourront cesser de fonctionner en vase clos et devenir de véritables leviers de croissance territoriale, inclusive et durable.

CHAPITRE 3

LES DÉFIS DU RENSEIGNEMENT ÉCONOMIQUE

3.1. ACCÈS À L'INFORMATION ÉCONOMIQUE : FAIBLESSE DES CAPACITÉS DE COLLECTE, D'ANALYSE ET DE FIABILISATION DES DONNÉES

Le renseignement économique repose sur un socle fondamental : la disponibilité d'informations fiables, pertinentes et exploitables. Or, en Guinée, ce socle est fragile. Les PME, pourtant premières bénéficiaires potentielles de ces ressources, évoluent dans un environnement où l'accès à l'information économique est à la fois structurellement limité et culturellement sous-exploité. Ce déficit informationnel compromet non seulement leur capacité à anticiper les risques, mais aussi à identifier les opportunités stratégiques.

La première barrière est cognitive : la culture de l'information stratégique demeure embryonnaire. Pour de nombreux entrepreneurs guinéens, notamment dans les secteurs traditionnels, la recherche d'information est perçue comme secondaire, voire inutile. Les décisions sont souvent guidées par l'intuition, l'habitude ou l'imitation. Cette posture se nourrit d'un contexte où la réussite économique est fréquemment attribuée à la chance, à l'ancienneté sur le marché ou à des réseaux personnels, plus qu'à une planification rigoureuse.

Cette représentation se double d'un environnement institutionnel peu propice à la circulation des données. La Guinée ne dispose pas d'un système centralisé d'information économique accessible aux PME. Les bases de données publiques sont rares, mal actualisées, difficilement consultables. Les données sectorielles, les études de marché ou les analyses comparatives sont souvent produites de manière ponctuelle par des partenaires techniques ou des ONG, sans coordination ni capitalisation.

La chaîne de production de l'information, même dans ses formes les plus simples (statistiques de consommation, flux logistiques, mouvements de prix, etc.), reste désorganisée. Les entreprises ne documentent que rarement leur activité. La tenue de la comptabilité est sporadique. Les remontées d'information vers les structures intermédiaires (chambres consulaires, directions régionales, etc.) sont faibles ou inexistantes. Ce vide méthodologique empêche la construction d'indicateurs fiables, et donc toute stratégie de veille territoriale cohérente.

La faiblesse ne concerne pas seulement la collecte, mais aussi l'analyse. Même lorsque des données sont disponibles, elles ne sont pas toujours interprétées de façon opérationnelle. Les outils d'analyse (matrices SWOT, segmentation de marché, benchmarking, etc.) restent peu utilisés. Il manque des intermédiaires compétents capables de transformer les données en signaux stratégiques, en diagnostics décisionnels ou en recommandations claires.

Ce défaut de traitement est aggravé par un manque criant de dispositifs de diffusion. Les institutions ne disposent pas de canaux adaptés pour rendre l'information économique intelligible et utile pour les PME. Les bulletins, rapports ou plateformes en ligne sont rarement vulgarisés, peu interactifs et déconnectés des besoins quotidiens des entrepreneurs. En somme, même quand l'information existe, elle n'est ni visible, ni traduite, ni intégrée aux pratiques des entreprises.

À cela s'ajoute un facteur socio-culturel rarement pris en compte : la méfiance vis-à-vis de la transparence. Dans un contexte où la formalisation est perçue comme une porte d'entrée vers une fiscalité agressive ou une exposition aux contrôles, beaucoup de dirigeants choisissent délibérément l'opacité. Ils évitent de documenter, de structurer, de partager. Le renseignement devient alors une logique à sens unique : on cherche à capter des informations sur les autres sans exposer les siennes. Ce comportement freine toute construction d'un système collectif de veille.

La conséquence directe est une économie à faible capacité d'anticipation. Les PME guinéennes réagissent aux événements plus qu'elles ne les prévoient. Elles ajustent leurs prix après la hausse, modifient leur offre après la chute des ventes, cherchent des partenaires après avoir perdu un marché. Le temps de réaction est long, les marges d'erreur sont élevées, les décisions sont souvent défensives plutôt que stratégiques. Pour sortir de ce piège, il est impératif de bâtir une infrastructure légère, mais efficace de renseignement économique adaptée aux PME. Cela suppose :

La création de points de collecte régionaux (guichets d'information sectoriels, observatoires locaux) animés par des structures de proximité.

La mise en place de systèmes d'alerte simples, par SMS ou WhatsApp, sur les prix, les appels d'offres, les innovations ou les événements à venir.

L'intégration de l'éducation à l'information économique dans les programmes de formation professionnelle et les incubateurs.

Le développement de partenariats entre universités, chambres consulaires et structures privées pour produire des analyses à haute valeur ajoutée.

En définitive, renforcer l'accès à l'information économique ne signifie pas seulement produire plus de données. Il s'agit de structurer un cycle complet : identifier les besoins en information, organiser la collecte, en garantir la qualité, l'analyser de manière stratégique, puis la restituer sous une forme accessible. C'est dans cette chaîne que le renseignement économique prend tout son sens, non comme un concept théorique, mais comme un levier de transformation concret des pratiques entrepreneuriales guinéennes.

3.2 Le déficit de compétences stratégiques et analytiques

Au-delà de l'accès limité à l'information économique, c'est la capacité à l'exploiter qui fait souvent défaut. La majorité des dirigeants de PME en Guinée ne disposent pas des compétences stratégiques minimales pour transformer les données en leviers d'action. L'analyse de marché, la veille concurrentielle, la planification financière, ou encore la segmentation clientèle sont des notions peu maîtrisées, voire inconnues. Cette carence de compétences constitue un verrou majeur à l'appropriation du renseignement économique.

Beaucoup de chefs d'entreprise agissent sans plan structuré, sans tableau de bord, sans projection de croissance. L'intuition, l'expérience empirique et les réseaux sociaux remplacent souvent les outils de pilotage. Ce mode de gestion, bien que parfois efficace à court terme, montre rapidement ses limites dès qu'un environnement concurrentiel ou réglementaire plus exigeant entre en jeu. Il devient alors difficile de pivoter, de se différencier, ou de tirer parti des signaux faibles du marché.

Cette situation s'explique en partie par le système éducatif et professionnel. Les cursus en gestion d'entreprise sont encore trop théoriques, déconnectés des réalités des PME. Les centres de formation professionnelle abordent rarement l'intelligence économique comme une compétence de base. Quant aux structures d'accompagnement, elles peinent à proposer des modules pratiques adaptés aux contraintes réelles des dirigeants.

Il est également frappant de constater l'absence de transfert intergénérationnel des compétences. De nombreuses PME familiales ne capitalisent pas sur leur expérience : les savoirs ne sont ni formalisés ni transmis. Les jeunes issus de ces structures sont orientés vers d'autres carrières, perçues comme plus valorisantes, rompant ainsi la continuité entrepreneuriale. Cette déperdition de savoirs empêche la constitution d'une mémoire stratégique collective.

Enfin, la peur de former son personnel reste un frein majeur. Beaucoup de dirigeants redoutent que des salariés mieux formés deviennent autonomes, voire concurrents. Cette vision défensive bloque l'émergence d'une culture d'apprentissage continue. Résultat : les PME restent figées, peu innovantes, dépendantes des routines et vulnérables aux changements du marché.

Face à ce constat, il devient urgent d'ériger la compétence stratégique en priorité nationale. Cela passe par :

L'intégration de modules de renseignement économique dans les écoles de commerce, les IUT et les centres de formation technique.

Le soutien à la formation continue des dirigeants de PME, via des formats courts, ciblés et financés.

La valorisation de l'apprentissage par les pairs (réseaux d'entrepreneurs, clubs sectoriels, mentorat).

La reconnaissance officielle des compétences stratégiques dans les dispositifs de financement ou d'accès aux marchés publics.

La maîtrise de l'information n'est utile que si elle s'accompagne d'une capacité d'interprétation. En Guinée, le défi n'est pas seulement d'apprendre à lire les signaux du marché, mais de créer une génération d'entrepreneurs capables d'y répondre avec agilité, méthode et lucidité.

3.3. DÉFICIT TECHNOLOGIQUE ET FRACTURES NUMÉRIQUES : UN FREIN À LA MODERNISATION DE L'INFORMATION

Dans une économie mondialisée et digitalisée, la technologie constitue un levier incontournable pour structurer, analyser et mobiliser l'information stratégique. Pourtant, en Guinée, une large majorité de PME reste à l'écart de cette révolution numérique. Le déficit technologique n'est pas seulement une question d'équipement : il reflète un ensemble de blocages économiques, sociaux et culturels qui empêchent les entreprises de tirer pleinement parti des outils numériques.

Le premier frein est matériel. Une grande partie des PME guinéennes ne dispose pas d'ordinateurs fonctionnels, d'accès stable à internet ou de logiciels de gestion. Les investissements dans les technologies sont souvent perçus comme secondaires par rapport aux charges immédiates : loyer, personnel, stocks. Cette hiérarchisation des priorités condamne les entreprises à des pratiques manuelles, chronophages et peu sécurisées. La numérisation de la comptabilité, du suivi client ou de la gestion de stock reste marginale.

Mais même lorsque les outils sont disponibles, leur usage reste limité. Le problème est alors davantage humain que technique. Le faible niveau de formation numérique, l'illettrisme fonctionnel de certains personnels et l'absence de culture digitale limitent fortement l'utilisation des TIC. Même si les outils informatiques de base tels que le traitement de texte, les tableurs ou les moteurs de recherche sont généralement bien maîtrisés, les logiciels plus spécialisés comme les CRM, les ERP ou les outils de veille restent largement absents au sein des PME guinéennes. À cela s'ajoute une méfiance culturelle. Nombre de dirigeants redoutent que la digitalisation accroisse leur exposition fiscale, facilite les contrôles ou entraîne une dépendance à des systèmes qu'ils ne comprennent pas. Cette suspicion alimente une stratégie de contournement : les données sont rarement sauvegardées, partagées ou analysées. L'entreprise devient un espace clos, imperméable aux innovations, où la technologie est perçue comme un risque plus que comme une opportunité.

L'écosystème numérique, lui-même, reste embryonnaire. Les fournisseurs de solutions digitales locales sont peu nombreux, les infrastructures (électricité, couverture internet, services de cloud) sont instables, et les politiques publiques de digitalisation ne ciblent pas spécifiquement les PME. Cette absence d'offre adaptée empêche l'émergence d'un tissu d'outils simples, localisés, à faible coût, capables de répondre aux contraintes concrètes des petites entreprises.

Pour remédier à cette fracture numérique, plusieurs leviers peuvent être actionnés :

Développer un programme national d'équipement technologique pour les PME, avec des kits de digitalisation subventionnés.

Former massivement aux outils numériques de base, via les chambres de commerce, les syndicats professionnels ou les centres d'appui.

Encourager l'émergence de solutions digitales locales, adaptées aux réalités guinéennes (logiciels de gestion simples, tableaux de bord mobiles, plateformes de mise en relation sectorielle).

Sensibiliser sur la sécurité numérique, pour rassurer les dirigeants sur la protection des données et l'usage éthique des technologies.

La technologie ne constitue pas seulement un outil d'efficacité. Elle est aujourd'hui le socle de toute stratégie de renseignement économique : pour collecter des signaux, tracer les tendances, automatiser la veille, sécuriser l'information. Tant que les PME guinéennes resteront à l'écart du numérique, elles seront structurellement désavantagées dans un monde qui valorise la vitesse, la réactivité et la maîtrise de l'information.

3.4. ENVIRONNEMENT RÉGLEMENTAIRE ET GOUVERNANCE DE L'INFORMATION : ENTRE COMPLEXITÉ JURIDIQUE ET DÉFIANCE INSTITUTIONNELLE

La gouvernance de l'information économique repose sur un cadre juridique stable, lisible et équitable. En Guinée, ce cadre existe en théorie : lois sur la concurrence, obligations comptables, dispositifs de formalisation, régulations sectorielles. Mais dans la pratique, il reste flou, complexe, inégalement appliqué et souvent vécu comme un obstacle plutôt qu'un levier.

Pour les PME, la formalisation juridique est rarement perçue comme une opportunité stratégique. Elle est associée à une série de contraintes administratives, de coûts supplémentaires et de risques fiscaux. Dans un contexte où la confiance envers l'État est fragile, la loi n'apparaît pas comme un outil de protection, mais comme un instrument de contrôle, voire de sanction. Résultat : nombre d'entreprises préfèrent rester à la marge, semi-informelles, pour échapper à un système perçu comme arbitraire et asymétrique.

Le flou réglementaire alimente cette défiance. Les textes sont parfois obsolètes, mal vulgarisés, ou contradictoires. L'interprétation dépend souvent du bon vouloir de l'agent public, de la localité ou du secteur d'activité. Cette instabilité juridique crée un climat d'incertitude permanente, peu propice à la structuration stratégique. Les PME hésitent à investir, à déclarer leurs revenus, ou à documenter leurs opérations autant de pratiques pourtant essentielles pour bâtir un socle d'information fiable.

En parallèle, les circuits de gouvernance de l'information sont éclatés. Il n'existe pas, à ce jour, de politique publique claire en matière de gestion de l'information économique stratégique. Les données produites par les différents ministères, les agences publiques ou les chambres consulaires sont rarement partagées, encore moins mises en commun. La culture du secret, l'absence de transparence et le cloisonnement administratif empêchent la création d'un système intégré de renseignement économique national.

Ce manque de coordination se reflète dans la difficulté d'accès à l'information réglementaire elle-même. Pour une PME guinéenne, savoir quelles sont ses obligations fiscales, les procédures d'enregistrement, les normes applicables ou les opportunités de financement relève souvent d'un parcours du combattant. La dématérialisation progresse lentement, les guichets uniques sont encore partiels, et les outils numériques manquent de pédagogie et d'ergonomie.

Cette situation crée une double peine : les entreprises qui s'efforcent d'être en règle sont pénalisées par des coûts supplémentaires et des démarches complexes, tandis que celles qui opèrent en dehors du cadre légal bénéficient parfois d'une plus grande flexibilité au prix d'une précarité structurelle. Ce déséquilibre fragilise l'ensemble du tissu économique et freine l'émergence d'une culture de la compétitivité fondée sur l'information stratégique.

Pour restaurer la confiance et clarifier les règles du jeu, plusieurs mesures s'imposent :

Mettre en place une plateforme nationale centralisée d'information juridique et réglementaire, accessible en ligne et en langues locales, régulièrement mise à jour.

Former les agents publics à la médiation économique, pour qu'ils deviennent des facilitateurs plutôt que des contrôleurs.

Créer des guides simplifiés à destination des PME, expliquant les démarches, les droits et les obligations en termes concrets.

Instituer des mécanismes de concertation réguliers entre l'administration, les organisations professionnelles et les représentants des PME, pour adapter les normes aux réalités du terrain.

Enfin, il est crucial d'intégrer la gouvernance de l'information comme un pilier à part entière des politiques publiques de soutien à l'entrepreneuriat. Sans un environnement légal stable, lisible et orienté vers le développement, aucun système de renseignement économique ne peut prospérer. La donnée stratégique ne peut circuler librement que dans un espace de confiance, de justice et de lisibilité institutionnelle. C'est ce socle qu'il faut reconstruire pour permettre aux PME guinéennes d'accéder pleinement au renseignement économique.

Face aux défis structurels que sont le manque d'accès à l'information, le déficit de compétences stratégiques, le retard technologique et la fragilité du cadre réglementaire, il apparaît clairement que l'intégration du renseignement économique dans les PME guinéennes ne peut se décréter. Elle doit se construire. Lentement, méthodiquement, en ancrant chaque levier dans les réalités du terrain.

Ce constat ne doit pas mener au découragement, mais à l'action. Car ces contraintes, aussi lourdes soient-elles, ne sont pas des fatalités. Elles peuvent être contournées, transformées, neutralisées à condition de disposer des bonnes stratégies, des bons outils, et d'une volonté structurée. C'est précisément l'objet du chapitre suivant : explorer les leviers opérationnels, les approches concrètes et les dispositifs intelligents qui permettent aux PME guinéennes, malgré les contraintes, de tirer leur épingle du jeu. En misant sur l'intelligence collective, la formation ciblée, les technologies accessibles et les opportunités nouvelles, il est possible de bâtir une stratégie de renseignement économique adaptée, pragmatique et durable. Car en matière de compétitivité, ce ne sont pas les plus puissants qui gagnent, mais les plus lucides. Place maintenant aux solutions.

CHAPITRE 4

STRATÉGIES, OUTILS ET ASTUCES POUR TIRER SON ÉPINGLE DU JEU

4.1. FORMATION ET SENSIBILISATION À L'IMPORTANCE DU RENSEIGNEMENT ÉCONOMIQUE

Malgré l'importance croissante du renseignement économique dans la compétitivité des entreprises, cette discipline demeure largement ignorée en Guinée. Ni les universités ni les centres de formation professionnelle n'intègrent cette thématique dans leurs cursus. Ce vide académique est aggravé par une méconnaissance généralisée du concept au sein de l'écosystème entrepreneurial guinéen, où il est souvent assimilé (à tort) à l'espionnage ou à la manipulation de l'information.

Pour briser cette confusion, deux approches doivent être combinées : une formation structurée et une sensibilisation ciblée. La première vise à intégrer le renseignement économique dans les cursus de gestion, de droit, d'économie et d'ingénierie. Des modules pratiques, basés sur l'analyse de cas, la veille concurrentielle ou la cartographie stratégique, doivent être développés dans les universités, les écoles professionnelles et les centres d'incubation. Ces formations gagneraient à être animées par des professionnels expérimentés, y compris des membres de la diaspora ayant évolué dans des environnements économiques dynamiques.

La seconde approche passe par des campagnes de sensibilisation à grande échelle. Celles-ci peuvent prendre la forme d'émissions radiophoniques, de capsules vidéos sur les réseaux sociaux, de panels lors de forums économiques ou encore de témoignages d'entrepreneurs ayant adopté avec succès des démarches de veille. Il est essentiel de déconstruire les stéréotypes, de vulgariser le concept et de démontrer, preuves à l'appui, que le renseignement économique est un outil pratique, et non une lubie technocratique.

Il s'agit aussi de développer des outils simples, accessibles et adaptés au quotidien des PME : alertes WhatsApp, tableaux de bord Excel, groupes de discussion, CRM légers, plateformes d'échanges sectoriels. L'objectif est de faire du renseignement économique une routine, et non un projet ponctuel.

L'État, les chambres de commerce, les grandes entreprises, les incubateurs et les ONG doivent tous s'impliquer dans cette dynamique. Ils peuvent jouer un rôle de catalyseur en soutenant des formations, en hébergeant des dispositifs de veille sectorielle, ou en créant des incitations concrètes à la formalisation et à l'accès à l'information.

Car, in fine, il s'agit d'un enjeu culturel autant que technique : transformer la posture entrepreneuriale, de l'improvisation défensive à l'analyse proactive. C'est cette mutation que la formation et la sensibilisation doivent initier. La suite du chapitre développera les outils concrets et les démarches collaboratives susceptibles d'opérationnaliser cette nouvelle culture du renseignement économique au sein des PME guinéennes.

Cartographie de l'impact de la formation et de la sensibilisation au renseignement économique pour les PME en Guinée

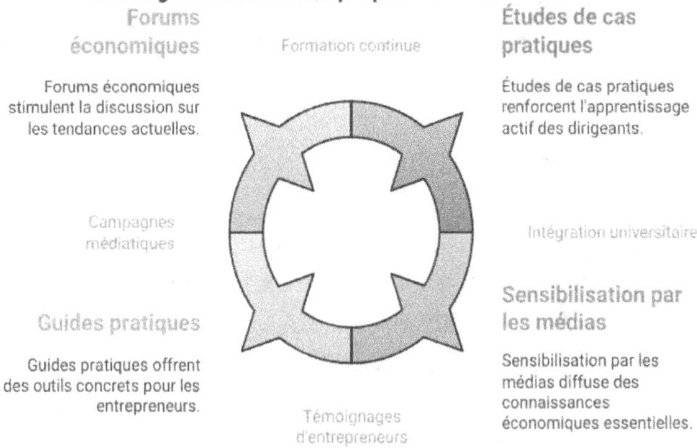

4.2. Démarches collaboratives et mutualisation de l'information stratégique

Si le renseignement économique repose sur des pratiques individuelles, il prend toute son ampleur lorsqu'il devient une dynamique collective. Les PME guinéennes, confrontées aux mêmes contraintes de marché, peuvent considérablement gagner en efficacité en mettant en commun leurs observations, leurs alertes, leurs analyses, et leurs expériences.

La mutualisation de l'information stratégique ne signifie pas la divulgation de secrets d'affaires, mais le partage d'indicateurs clés, de signaux faibles, de tendances sectorielles. Par exemple, des coopératives ou des grappes d'entreprises dans l'agroalimentaire peuvent mettre en commun des données sur les prix des matières premières, les normes d'exportation ou les comportements des distributeurs. De même, des réseaux d'artisans ou de commerçants peuvent partager leurs retours sur la clientèle, leurs difficultés logistiques ou les changements fiscaux.

Cette démarche collaborative suppose l'existence de structures intermédiaires : associations professionnelles, syndicats sectoriels, plateformes numériques, pôles de compétitivité. Ces entités peuvent jouer un rôle d'agrégateur et de diffuseur d'information, en centralisant les données, en les traitant, puis en les redistribuant sous une forme exploitable. Elles peuvent également organiser des ateliers de veille, des bulletins sectoriels, ou des cellules de crise en cas de perturbation du marché.

La collaboration suppose aussi une évolution de la culture entrepreneuriale. Dans de nombreux cas, la méfiance prévaut sur la coopération. Or, dans un environnement aussi instable que celui de l'économie guinéenne, c'est précisément la solidarité informationnelle qui permet d'anticiper, de s'adapter et d'innover plus vite.

Le renseignement économique devient alors une boussole collective : il oriente non seulement les décisions individuelles, mais permet aussi de piloter des stratégies à l'échelle d'un territoire, d'un secteur ou d'un cluster. Il aide à structurer les chaînes de valeur, à cibler les investissements publics, et à articuler les efforts de transformation économique autour d'objectifs partagés.

Dans ce cadre, l'État et les partenaires techniques et financiers ont un rôle clé à jouer. Ils peuvent soutenir les structures intermédiaires, financer la collecte et la diffusion de données, favoriser l'interconnexion entre les réseaux. Mais la dynamique doit venir d'abord des PME elles-mêmes. Le renseignement collaboratif n'est pas un luxe. C'est un levier de survie et de croissance, dans un monde où l'information bien utilisée devient l'atout le plus précieux.

4.3. Stratégie FYTI : les réseaux sociaux comme outil du renseignement économique

Dans un environnement où l'accès aux bases de données spécialisées reste difficile, les réseaux sociaux se révèlent être des outils puissants de renseignement économique, particulièrement pour les PME aux ressources limitées. La stratégie FYTI (acronyme de Facebook, YouTube, TikTok et Instagram) désigne l'exploitation ciblée de ces plateformes dans une logique d'observation, d'analyse et d'anticipation économique. Chacune de ces plateformes offre des fonctions distinctes :

Facebook regorge de groupes professionnels, de pages d'entreprises, de forums sectoriels, qui permettent de suivre les tendances locales, d'observer la concurrence, ou d'identifier des fournisseurs.

YouTube est une bibliothèque d'autoformation : tutoriels, conférences, retours d'expérience, tout y est disponible gratuitement. Une PME peut y apprendre à structurer une offre, à utiliser un logiciel, ou à élaborer une campagne de communication.

TikTok, en dépit de son format court et de son image ludique, héberge de plus en plus de contenus orientés business : retours d'expérience, astuces entrepreneuriales, études de cas.

Instagram, axé sur le visuel, permet de suivre les tendances design, les innovations produites, les pratiques de branding.

La stratégie FYTI ne se limite pas à la présence passive. Elle suppose une posture active : suivre des comptes pertinents, recueillir des informations utiles, analyser les contenus diffusés, repérer les bonnes pratiques, identifier les signaux faibles. Il s'agit de transformer le temps passé sur les réseaux en valeur stratégique.

Les avantages sont multiples : accès gratuit à l'information, possibilité de comparaison internationale, interactions facilitées avec d'autres entrepreneurs, découverte de nouveaux marchés ou de fournisseurs alternatifs. Les PME peuvent aussi y tester leurs propres messages, recueillir des feedbacks clients, ou construire une communauté.

Toutefois, une telle démarche nécessite un minimum d'organisation. L'information doit être filtrée, capitalisée, partagée. Des outils simples comme Trello, Google Sheets, ou des groupes WhatsApp peuvent permettre de structurer cette veille. Il ne s'agit pas de multiplier les sources, mais de sélectionner les plus pertinentes, et d'en tirer des enseignements pratiques.

Enfin, FYTI offre un levier d'émancipation informationnelle. Là où les circuits classiques d'information sont saturés ou inaccessibles, les réseaux sociaux deviennent une école ouverte, une base de données vivante, une agora économique. Savoir les utiliser avec discernement, c'est renforcer son autonomie stratégique, son agilité commerciale, et sa capacité d'adaptation.

Dans le contexte guinéen, FYTI peut devenir une porte d'entrée vers le renseignement économique pour des milliers de PME. Encore faut-il en faire un usage conscient, structuré, et tourné vers l'action. Le numérique, ici, n'est pas une fin en soi, mais un pont vers une nouvelle culture entrepreneuriale, plus connectée, plus curieuse, plus stratégique.

4.4. Du savoir à l'action : la stratégie FYTI appliquée aux réalités entrepreneuriales guinéennes

Après avoir présenté les grands principes du renseignement économique numérique à travers la stratégie FYTI (Facebook, YouTube, TikTok, Instagram), il est fondamental de démontrer son potentiel par des exemples concrets. Cette section s'attache à illustrer comment, en Guinée, des PME et entrepreneurs tirent parti de ces plateformes pour orienter leurs décisions, optimiser leurs investissements et structurer des chaînes de valeur plus efficaces. Nous explorerons trois secteurs prioritaires : l'agroindustrie, l'élevage et l'aquaculture, où la méthode FYTI se traduit directement en actions opérationnelles.

Agro-industrie : industrialiser sans intermédiaires grâce à YouTube

Dans le domaine de la transformation agroalimentaire, les entrepreneurs guinéens sont souvent confrontés à une double barrière : l'accès aux équipements modernes et la fiabilité des intermédiaires. C'est ici que YouTube devient un levier stratégique. Prenons l'exemple d'une PME souhaitant produire localement des jus, des purées ou des condiments. En tapant sur YouTube : "machine agroalimentaire + pays cible", comme "machine de transformation alimentaire Chine", elle accède à des démonstrations visuelles de machines, à des témoignages d'usagers, voire à des contacts de fournisseurs.

Chaque vidéo devient une source de renseignement : elle permet d'identifier des équipements, d'estimer la capacité de production, de comprendre les besoins en énergie, ou d'observer les automatismes intégrés. Elle sert aussi à repérer des agents locaux (souvent les auteurs des vidéos) jouant un rôle d'intermédiaires rémunérés à la commission.

L'étape suivante consiste à :

Contacter le fournisseur,

Vérifier son existence juridique et ses références,

Activer un réseau de la diaspora locale pour obtenir une validation sur le terrain.

Ainsi, l'achat se fait en connaissance de cause. Le renseignement visuel, les retours d'expérience et le relais diasporique forment un triptyque de sécurité commerciale.

Élevage : structurer ses investissements avec une veille ciblée

Dans un contexte d'élevage où la rentabilité dépend largement de l'équipement, les plateformes FYTI permettent à une PME d'identifier les outils essentiels pour moderniser son exploitation.

Qu'il s'agisse de bovins ou de volailles, les équipements accessibles en ligne (couveuses, systèmes d'abreuvement automatisés, machines à traire, ventilation, tracteurs compacts) sont présentés avec descriptifs, vidéos, tutoriels d'installation, et souvent avec les contacts directs des vendeurs.

Par exemple :

Une machine à traire de 500 à 1000 USD peut augmenter la productivité et réduire les pertes sanitaires.

Une couveuse automatique à 300 USD permet de maîtriser le cycle de reproduction, et donc la planification de l'offre.

Cette approche transforme l'entrepreneur en analyste stratégique. En observant, comparant, et interrogeant les fournisseurs, il gagne en autonomie décisionnelle, tout en accédant à des produits compétitifs sans passer par des courtiers coûteux.

Aquaculture : des données concrètes pour anticiper les choix techniques

Dans le secteur naissant, mais porteur de l'aquaculture, les défis techniques sont majeurs : qualité de l'eau, oxygénation, alimentation, protection des bassins. Là aussi, les plateformes FYTI deviennent un outil de veille et de sourcing.

Une PME peut facilement identifier, à travers des tutoriels ou des retours d'expérience :

Des systèmes d'aération (pompes à air, 200–800 USD),

Des pompes de circulation (300–1000 USD),

Des filets de protection, et des distributeurs automatiques de nourriture.

L'accès aux informations sur les équipements, fournisseurs fiables (en Chine, Turquie ou Inde), et les contacts directs renforce le pouvoir de négociation et réduit les incertitudes logistiques.

Structurer la méthode : du réflexe numérique à la stratégie intégrée

Dans tous ces exemples, la méthode repose sur :

L'identification de sources pertinentes (chaînes, comptes, hashtags) sur FYTI,

L'observation et l'analyse des contenus (performances, prix, critiques),

La vérification des fournisseurs, via les commentaires, les sites web ou la diaspora,

La négociation directe avec le vendeur,

La sécurisation logistique (cargo, douane, assistance au montage),

Le retour d'expérience, partagé pour nourrir la veille collective.

Cette démarche transforme une simple présence sur les réseaux sociaux en levier stratégique. Elle permet aux PME de contourner les goulets d'étranglement traditionnels, d'acquérir de l'équipement de manière proactive et de construire des partenariats commerciaux transparents.

Loin d'un gadget, FYTI devient un outil de renseignement économique complet, à condition d'être utilisé avec méthode, esprit critique et rigueur. Ce que ces cas concrets démontrent, c'est que l'information utile est déjà là. Encore faut-il savoir la chercher, l'interpréter, l'adapter et l'utiliser à bon escient.

En démocratisant l'accès au renseignement économique, FYTI crée les conditions d'un rattrapage stratégique. Il installe les bases d'un apprentissage permanent, d'un entrepreneuriat connecté et d'une croissance bâtie sur la lucidité. À ce titre, les plateformes numériques ne sont plus seulement des vitrines ou des lieux de visibilité : elles deviennent des tableaux de bord en temps réel pour piloter l'ambition économique.

4.5. Chine, Inde, Turquie, Vietnam : ces nations qui vendent l'usine clé en main une opportunité encore sous-estimée par l'Afrique

L'un des angles morts majeurs de la stratégie industrielle africaine réside dans la méconnaissance, ou le mépris, d'un phénomène pourtant central de la mondialisation contemporaine : l'exportation d'usines clés en main par certaines puissances émergentes. La Chine, l'Inde, la Turquie ou le Vietnam ne se contentent plus d'inonder les marchés de produits manufacturés. Elles offrent aujourd'hui des solutions complètes d'industrialisation prêtes à l'emploi des lignes de production simples, abordables, adaptables, pensées pour les contextes à faible infrastructure.

Cette révolution silencieuse est rendue visible grâce aux outils numériques. La stratégie FYTI (Facebook, YouTube, TikTok, Instagram) permet désormais à tout entrepreneur disposant d'un simple smartphone de visualiser une chaîne de production, de contacter un fournisseur, de suivre une démonstration de machine ou d'accéder à des retours d'expérience en temps réel. À coût quasi nul, il devient possible de concevoir un projet industriel localement ancré, sans dépendre d'une expertise lourde ou d'intermédiaires opaques.

Des équipements complets sont aujourd'hui accessibles à partir de quelques centaines de dollars : décortiqueuses, broyeurs, machines de conditionnement, petits outils de transformation agroalimentaire ou de traitement de matériaux. Ils s'accompagnent souvent d'un package technique : notice traduite, installation, maintenance initiale, voire formation à distance. Le modèle économique proposé n'est pas réservé aux élites. Il cible délibérément des marchés émergents et vise à démocratiser l'outil industriel.

Ce changement de paradigme suppose cependant une triple mutation :

Cognitive, d'abord. Beaucoup de décideurs africains, y compris en Guinée, continuent d'associer industrialisation à haute technologie ou génie inventif. Or, ce qui manque le plus n'est pas l'innovation de rupture, mais la capacité à identifier, adapter et entretenir des solutions déjà existantes.

L'industrialisation aujourd'hui repose davantage sur l'intelligence d'acquisition que sur l'invention pure.

Psychologique, ensuite. La peur de l'échec reste omniprésente. Le risque industriel est perçu comme supérieur à l'importation ou à l'investissement immobilier. Ce biais est renforcé par l'absence de politique de garantie ou d'assurance industrielle, et par la faiblesse des institutions d'accompagnement à la production locale.

Institutionnelle, enfin. L'écosystème administratif africain, souvent plus centré sur la régulation que sur l'incitation, n'a pas encore intégré cette opportunité comme un levier stratégique. L'industrialisation à petite échelle n'est pas intégrée aux politiques de décentralisation économique.

Face à ces blocages, un changement de focale est nécessaire. La montée en puissance doit venir des territoires : municipalités, régions, groupements communautaires. Ce sont ces acteurs qui, confrontés quotidiennement à la migration, au chômage ou à la précarité, sont les mieux placés pour initier des projets d'industrialisation réalistes. L'approche consisterait à équiper des communes pilotes avec de petites unités de transformation dans l'agroalimentaire, la construction locale, l'énergie décentralisée, le textile artisanal. Ces micro-implantations deviendraient des laboratoires d'innovation territoriale.

Un tel mouvement présente plusieurs avantages stratégiques :

Il valorise les ressources locales au lieu de les exporter à l'état brut.

Il stabilise les populations, en particulier les jeunes, en leur offrant des débouchés proches.

Il réduit les coûts logistiques et les dépendances extérieures.

Il relance l'apprentissage par la pratique, base d'une montée progressive en compétences industrielles.

Dans ce modèle, l'État conserve un rôle fondamental : assurer un cadre réglementaire clair, garantir un accès au financement initial, faciliter les importations d'équipements, coordonner les transferts de savoir-faire. Mais l'impulsion doit venir de la base, car c'est là que se joue la crédibilité du développement.

Enfin, cette approche permet de corriger une vision trop souvent binaire de l'avenir industriel africain : entre utopie high-tech et résignation artisanale. Il existe un entre-deux (accessible, évolutif, reproductible) et il est déjà en œuvre ailleurs. Encore faut-il l'assumer, le porter, et surtout, le rendre visible par des dispositifs de renseignement économique adaptés.

CHAPITRE 5

DU DIAGNOSTIC À L'ACTION, CONSTRUIRE UNE FEUILLE DE ROUTE POUR LE RENSEIGNEMENT ÉCONOMIQUE DES PME GUINEENNES

La démonstration est désormais posée : les PME guinéennes évoluent dans un environnement complexe, peu structuré, où l'accès à l'information stratégique est limité, et où le renseignement économique demeure sous-utilisé. Pourtant, au fil des chapitres précédents, il est apparu clairement que ce levier, bien intégré, peut transformer en profondeur les dynamiques entrepreneuriales du pays.

Ce chapitre propose d'organiser la transition vers l'action. Il ne s'agit plus d'identifier les manques, ni de détailler les obstacles, mais de structurer une feuille de route en cinq axes stratégiques, chacun articulé autour d'un objectif opérationnel. L'enjeu : passer d'une culture de l'intuition à une culture de la décision éclairée.

5.1. ORGANISER LA GOUVERNANCE NATIONALE DU RENSEIGNEMENT ÉCONOMIQUE

La première exigence est celle d'une vision nationale. Le renseignement économique ne peut rester une initiative isolée de quelques PME ou incubateurs. Il nécessite une impulsion politique, une coordination multisectorielle et une articulation entre État, secteur privé, diaspora et partenaires techniques.

Il est proposé de créer un Comité national de veille stratégique et de renseignement économique, rattaché au ministère des PME, intégrant des représentants des chambres consulaires, de l'université, des opérateurs télécoms, de la société civile économique et des régions. Ce comité aurait pour mission de :

Coordonner les actions publiques en matière de veille économique.

Produire des notes stratégiques sectorielles.

Accompagner la formation des acteurs locaux au renseignement économique.

Piloter la création d'un Portail national de renseignement économique accessible aux PME.

5.2. Territorialiser les dispositifs de veille

Le renseignement économique ne peut se penser uniquement à Conakry. Il doit s'ancrer dans les territoires. Chaque région guinéenne dispose de spécificités économiques : filières agricoles, artisanat, ressources naturelles, infrastructures émergentes. Ces dynamiques nécessitent des dispositifs de veille adaptés, contextualisés.

Il est recommandé de développer des cellules régionales de renseignement économique, hébergées au sein des directions régionales de l'économie ou dans les maisons de l'entrepreneuriat. Leur rôle :

Centraliser l'information économique locale.

Produire des bulletins trimestriels sur les tendances régionales.

Former les PME locales à des outils simples de veille.

Créer des bases de données locales sur les fournisseurs, clients, prix, débouchés.

5.3. Intégrer le renseignement économique dans les politiques de soutien aux PME

Les programmes d'appui aux PME doivent explicitement intégrer une composante renseignement économique. Trop souvent, les politiques publiques en faveur des PME se concentrent sur le financement, l'accès au foncier ou la formation technique, sans outiller les entrepreneurs pour lire leur environnement.

Il convient d'introduire, dans les appels à projets, dans les subventions, et dans les dispositifs de crédit, un critère de capacité stratégique. Par exemple :

Exiger une mini-analyse de marché dans toute demande de financement.

Subventionner des prestations de veille ou de conseil en renseignement économique.

Proposer des bonus de notation aux projets intégrant une cartographie des risques ou une analyse concurrentielle.

5.4. Promouvoir l'innovation frugale au service du renseignement économique

Dans un contexte de ressources limitées, le renseignement économique doit être adaptée aux contraintes réelles des PME guinéennes. Cela suppose d'encourager l'émergence d'outils légers, locaux, peu coûteux, mais efficaces. Cette innovation frugale peut prendre plusieurs formes :

Développement d'applications mobiles de veille sur les prix des matières premières.

Plateformes communautaires d'échange de données (type WhatsApp pro ou forums locaux).

Outils de visualisation des tendances (cartes, tableaux de bord Excel, infographies simples).

Ces outils doivent être conçus avec les utilisateurs finaux (PME, coopératives, artisans), testés en conditions réelles, et diffusés via des réseaux locaux (radios communautaires, centres de gestion, foires commerciales).

5.5. Mesurer, suivre, ajuster : construire un indicateur national de maturité stratégique des PME

Enfin, toute stratégie doit être évaluée. Pour piloter efficacement l'intégration du renseignement économique, il est proposé de mettre en place un Indice guinéen de maturité stratégique des PME (IGMS-PME). Cet outil servirait à :

Diagnostiquer la capacité d'une PME à utiliser l'information stratégique.

Suivre l'évolution des pratiques à l'échelle nationale et régionale.

Orienter les politiques d'accompagnement.

L'indice pourrait combiner des critères tels que :

Existence d'un plan d'affaires actualisé.

Capacité à identifier ses concurrents.

Accès à une base de clients qualifiée.

Utilisation d'un outil numérique de suivi d'activité.

Un tel indicateur, mis à jour tous les deux ans, deviendrait une boussole pour l'action publique et une grille d'autoévaluation pour les PME.

Ce chapitre marque la bascule. Le renseignement économique n'est plus une théorie abstraite, ni un vœu pieux. Il devient une architecture d'action, un levier systémique, une stratégie concrète pour transformer les fragilités actuelles en atouts durables. C'est à ce prix que la Guinée pourra bâtir un tissu de PME plus résilient, plus compétitif, et plus connecté aux dynamiques du monde contemporain.

CONCLUSION

Ce livre n'est pas une théorie de plus. C'est un cri méthodique, un acte de lucidité. Il trace une voie stratégique pour les PME guinéennes, longtemps marginalisées dans les politiques de développement, trop souvent exclues des réseaux d'information, et encore mal équipées pour affronter la complexité économique contemporaine.

De l'analyse des obstacles à l'exploration des solutions, l'ouvrage a mis en lumière un fait essentiel : le renseignement économique n'est pas un luxe pour pays riches. C'est un outil vital pour pays en quête d'équilibre, de souveraineté économique et de compétitivité locale. Dans le chaos informationnel globalisé, les PME guinéennes n'ont pas d'autre choix que d'apprendre à voir clair, à anticiper les risques, à décrypter les signaux faibles, à penser leur croissance de manière stratégique.

Le renseignement économique ne demande pas des millions, mais de la méthode, une culture de l'information et un minimum d'organisation. Il s'agit moins d'avoir les moyens que de savoir les mobiliser. Et c'est bien là que se joue l'enjeu : créer un écosystème favorable, une dynamique collective, une volonté politique soutenue, pour que chaque entrepreneur, même isolé, puisse se brancher à un réseau de sens et de stratégie.

Les exemples mobilisés dans ce livre (de la stratégie FYTI à l'indice de maturité stratégique, des innovations frugales aux initiatives locales) montrent que la Guinée a les ressources humaines, les idées et les outils pour bâtir son propre modèle de renseignement économique, adapté à ses réalités.

Ce livre appelle donc à une mobilisation nationale : des institutions, des incubateurs, des universités, mais aussi des PME elles-mêmes. Il faut passer du diagnostic à l'action. Car dans une économie instable, celui qui comprend plus vite agit mieux. ET celui qui agit mieux construit durablement.

BIBLIOGRAPHIE

Banque africaine de développement. (s.d.). *Données économiques Guinée.* https://www.afdb.org/fr

Banque mondiale. (2025). *Rapport économique sur la Guinée.*

Benaroya, F. (2011). *Intelligence économique et stratégie d'entreprise.* Paris : Dunod.

Berger, A. N., & Udell, G. F. (2006). A more complete conceptual framework for SME finance. *Journal of Banking & Finance*, 30(11), 2945–2966.

Blythe, J. (2012). *Essentials of Marketing.* Pearson Education.

Coface Afrique. (s.d.). *Analyse risques pays Guinée.* https://www.coface.com

Convergence Guinée. (2024). *Perspectives économiques nationales.*

Enabel. (s.d.). *Projets de coopération en Guinée.* https://www.enabel.be

Harbulot, C. (2012). *Manuel d'intelligence économique.* Paris : Presses Universitaires de France.

Institut Universitaire des Hautes Études de Guinée (IUHEG). (s.d.). *Programmes de formation en économie appliquée.* https://iuheg.org

Niosi, J. (2010). *Building National and Regional Innovation Systems.* Edward Elgar Publishing.

Porter, M. E. (1980). *Competitive Strategy: Techniques for Analyzing Industries and Competitors.* New York : Free Press.

Progress Consultants & Partners Sarl. (2024). *Étude sur l'intégration du renseignement économique dans les PME guinéennes.*

Saboutech. (s.d.). *Incubation et coworking à Conakry.* https://saboutech.com

Smallbone, D., & Welter, F. (2001). The distinctiveness of entrepreneurship in transition economies. *Small Business Economics*, 16(4), 249–262.

ANNEXE 1 : GLOSSAIRE STRATÉGIQUE SIMPLIFIÉ DU RENSEIGNEMENT ÉCONOMIQUE

Renseignement économique	Processus structuré pour collecter, analyser et utiliser des informations utiles à la prise de décision économique.
Veille stratégique	Observation continue de l'environnement pour repérer les tendances, opportunités et menaces.
Source ouverte	Information accessible publiquement : site web, rapport, média, base de données, réseaux sociaux, etc.
Signal faible	Indice discret, souvent ignoré, qui peut annoncer un changement important (ex. : nouveau brevet, changement de comportement client).
Analyse SWOT	Outil d'analyse qui identifie les Forces, Faiblesses, Opportunités et Menaces d'une organisation.
Benchmarking	Comparaison avec d'autres entreprises pour s'améliorer ou se positionner stratégiquement.
Cluster	Regroupement d'entreprises d'un même secteur qui coopèrent pour innover,

	exporter, ou mutualiser leurs ressources.
Ecosystème entrepreneurial	Ensemble d'acteurs (PME, banques, incubateurs, institutions) qui interagissent dans un territoire pour soutenir l'entreprise.
Fracture numérique	Inégalités d'accès aux technologies digitales (Internet, logiciels, matériel informatique).
Intelligence collective	Capacité d'un groupe à partager, traiter et utiliser des informations pour prendre de meilleures décisions ensemble.
CRM (Customer Relationship Management)	Logiciel qui aide une entreprise à suivre ses clients, ses ventes et ses relations commerciales.
Matrice BCG/Matrice stratégique	Outil qui classe les produits ou activités selon leur rentabilité et leur potentiel de croissance.
Indicateur de maturité stratégique	Mesure du niveau d'organisation, de veille et d'anticipation d'une entreprise.
Innovation frugale	Créer des solutions simples, efficaces et peu coûteuses avec peu de moyens.
Data visualisation	Représentation graphique des données pour mieux les comprendre (tableaux, courbes, cartes, etc.).

Annexe 2 : Comment utiliser ce glossaire dans la vie réelle d'une entreprise ?

1. Réunion interne → "Mot du mois"

Exercice : Chaque mois, choisissez un mot du glossaire (ex. : "veille stratégique") et posez cette question à l'équipe :

"Comment pourrait-on appliquer ça chez nous, même avec zéro budget ?"

Impact : Crée une culture de réflexion sans stress. Pas besoin de tout comprendre d'un coup. Juste avancer.

2. Client en vue ? Utilisez la SWOT.

Mot-clé : SWOT

Contexte : Avant de lancer un nouveau service ou démarcher un gros client.

Action : Tracez une matrice simple sur papier :

? Forces : Ce qu'on fait mieux que les autres ?

□ Faiblesses : Où on est en retard ?

? Opportunités : Nouvelles demandes ou besoins non couverts ?

? Menaces : Concurrence, nouvelles lois, délais, etc.

Résultat : Un plan clair en 30 min.

3. Repérage marché → Cherchez les signaux faibles

Mot-clé : Signal faible

Contexte : Dans un groupe WhatsApp, une foire locale, une vidéo TikTok…

Action : Note tout ce qui semble inhabituel, mais récurrent (ex. : les gens posent toujours la même question sur un produit ? Un concurrent ferme ? Un nouveau venu vend à moitié prix ?)

Résultat : Tu vois venir les changements avant qu'ils te frappent.

4. Partenaires → Pense en "éco-système"

Mot-clé : Ecosystème entrepreneurial

Contexte : Tu veux te développer, mais tu n'as pas tout (ni stock, ni machine, ni camion).

Action : Liste les structures autour de toi : artisans, formateurs, services publics, coopératives.

Question simple : "Que pourrais-je faire avec eux au lieu de tout faire seul ?"

Résultat : Moins de coûts, plus de vitesse.

5. Digital → Le mot qui fait peur ? CRM

Mot-clé : CRM

Contexte : Tu perds le fil avec tes clients ? Tu oublies qui t'a commandé quoi ?

Action : Commence simple avec un tableau Excel ou Google Sheets : nom du client, date, montant, produit, retour.

Objectif : Garder la mémoire de tes clients, suivre les relances, anticiper leurs besoins.

Résultat : Tes clients sentent que tu es sérieux, tu vends plus sans effort.

Ce glossaire n'est pas un dictionnaire. C'est une **boîte à outils**. Ouvre-la quand :

- ☐ Tu dois prendre une décision.
- ⍰ Tu veux structurer une idée.
- ☐ Tu sens que ton instinct ne suffit plus.

ANNEXE 3 : FICHE D'AUTO-DIAGNOSTIC : MA PME EST-ELLE STRATÉGIQUEMENT LUCIDE ?

But : Evaluer en 10 minutes la capacité de ta PME à anticiper, décider et s'adapter dans un environnement incertain.

Instructions : Pour chaque affirmation, coche la case qui correspond à ta situation actuelle. Sois honnête. C'est un outil pour progresser, pas pour impressionner.

Bloc 1 : Culture de l'information

Affirmation	**Oui**	**Non**	**Parfois**
Je consulte régulièrement des sources d'information économique (médias, rapports, internet).	☐	☐	☐
Je sais ce que font mes principaux concurrents.	☐	☐	☐
Je prends des décisions basées sur des données, pas seulement sur l'intuition.	☐	☐	☐

Bloc 2 : Pratiques de veille

Affirmation	**Oui**	**Non**	**Parfois**
Je surveille l'évolution des prix, des lois ou des tendances liées à mon activité.	☐	☐	☐

Affirmation	Oui	Non	Parfois
Je garde une trace des demandes ou plaintes fréquentes de mes clients.	☐	☐	☐
J'ai un outil (même simple) pour noter et relire les infos utiles (carnet, téléphone, fichier).	☐	☐	☐

Bloc 3 : Réseau et intelligence collective

Affirmation	Oui	Non	Parfois
Je fais partie d'un groupe ou réseau d'entrepreneurs (WhatsApp, coopérative, etc.).	☐	☐	☐
Je partage parfois des infos utiles avec d'autres PME.	☐	☐	☐
Je suis déjà allé chercher un conseil ou un contact grâce à mon réseau.	☐	☐	☐

Bloc 4 : Technologie et outils

Affirmation	Oui	Non	Parfois
J'utilise mon téléphone ou un logiciel pour suivre mes clients ou mes ventes.	☐	☐	☐
Je suis capable de chercher des infos ciblées sur Google, YouTube ou Facebook pour mon activité.	☐	☐	☐
J'ai déjà utilisé Internet pour comparer un fournisseur, un prix ou un produit.	☐	☐	☐

Résultats : Score stratégique

✅**13 à 15 "Oui" :** Tu as une PME en veille. Tu pratiques déjà le renseignement économique sans le savoir. Passe à la vitesse supérieure : forme-toi, structure tes outils.

⚠ **8 à 12 "Oui"** : Tu es en chemin, mais plusieurs angles morts peuvent te coûter cher. Priorise : l'info, le réseau, les outils simples.

✖ **Moins de 8 "Oui"** : Tu gères à l'instinct. Il est temps de passer à une stratégie plus solide, sinon tu restes exposé à tous les risques.

Maintenant :

Tu peux :

Reprendre cette fiche tous les 6 mois pour suivre tes progrès.

L'utiliser en réunion d'équipe ou d'association de PME.

En faire un outil de discussion avec un conseiller ou incubateur.

ANNEXE 4 : NUMÉRIQUES UTILES POUR LA VEILLE ET LE RENSEIGNEMENT ÉCONOMIQUE

Aider les PME à surveiller leur marché, suivre la concurrence, anticiper les tendances, et organiser l'information **sans budget lourd ni expert technique.**

1. Google Alerts (Gratuit)

Crée des alertes par mot-clé (ex : "marché de la mangue Guinée")

Envoie un email dès qu'un nouveau contenu est publié en ligne.

Idéal pour suivre actualités, lois, concurrents.

☞ https://www.google.com/alerts

2. Facebook groupes et pages pro (Gratuit)

Rejoins des groupes d'entrepreneurs ou de ton secteur.

Observe les discussions, offres, plaintes ou nouvelles idées.

Bon outil pour capter des signaux faibles.

3. YouTube (Gratuit)

Tape des mots-clés ciblés : "machine à jus brique Chine", "formation agrotransformation", etc.

Sert à repérer des fournisseurs, apprendre un savoir-faire, anticiper les tendances.

4. Trello (Gratuit pour les bases)

Outil de gestion visuelle : planifie tes tâches de veille, note les infos collectées, partage avec ton équipe.

Très utile pour suivre une mini-stratégie d'intelligence sur 1 projet ou client.

☞ https://trello.com

5. Google Sheets /Excel (Gratuit si Google, basique si Excel)

Utilise-le comme base de données pour suivre les prix, clients, tendances, contacts.

Fonctionne hors ligne ou partagé à plusieurs.

6. LinkedIn (Gratuit avec compte pro)

Suis les pages d'entreprises similaires, partenaires, experts.

Source de contenu stratégique : appels à projets, innovations, nominations.

7. Telegram ou WhatsApp Business (Gratuit)

Utilise la fonction "liste de diffusion" pour partager ou recevoir infos utiles.

Simplicité, rapidité, local.

8. Canva (Gratuit avec options payantes)

Crée des infographies ou des fiches stratégiques claires (analyse SWOT, tableau comparatif, fiche produit).

Utile pour structurer ta pensée et partager avec partenaires.

☞ https://www.canva.com

9. Google Trends (Gratuit)

Compare la popularité de plusieurs termes dans le temps (ex. : "pain bio" vs "pain classique Guinée")

T'aide à anticiper la demande ou l'intérêt du public.

☞ https://trends.google.com

10. Open Food Facts / Alibaba/Afrikrea (Gratuit ou accès partiel)

Plates-formes où tu peux explorer les produits, fournisseurs, tendances du secteur (agro, textile, artisanat).

Te permet de te positionner et d'ajuster tes offres.

N'essaie pas de tout utiliser. Commence par 2 ou 3 outils maximum, selon ton besoin du moment (surveiller, comprendre, planifier).

Annexe 5 : Contacts utiles pour les PME guinéennes (renseignement, appui, structuration)

Cette liste n'est pas exhaustive, mais représente des **acteurs-clés** (publics, privés, associatifs ou digitaux) que les entrepreneurs peuvent **contacter ou suivre** pour s'informer, se former ou se connecter.

Institutions publiques & parapubliques

Structure	Rôle/Utilité	Coordonnées ou lien
APIP (Agence de Promotion des Investissements Privés)	Appui à la formalisation, info réglementaire, incitations fiscales	apip.gov.gn – Conakry
AGUIPE (Agence Guinéenne pour la Promotion de l'Emploi)	Accompagnement, insertion pro, dispositifs d'aide aux jeunes PME	aguipegn.com
Ministère du Commerce, de l'Industrie et des PME	Orientation politique, appui indirect, informations sur normes, marchés	Physique à Kaloum – Suivre sur page Facebook
Chambres régionales de commerce	Info sectorielle, médiation,	Présentes dans chaque région

Structure	Rôle/Utilité	Coordonnées ou lien
	organisation d'ateliers locaux	(Boké, Labé, etc.)

Structures de formation et incubateurs

Structure	Spécialité	Lien/Contact
Saboutech (Conakry)	Incubation, coworking, accompagnement PME tech ou innovantes	saboutech.com
Guinée Tech Valley	Appui à l'entrepreneuriat numérique, programmes pratiques	Sur LinkedIn Instagram
Enabel (Coopération belge)	Formations terrain, appui PME dans zones rurales	enabel.be – Rechercher projets Guinée
IUHEG (Institut Universitaire des Hautes Études de Guinée)	Formations en économie appliquée, à renforcer en veille stratégique	iuheg.org

Ressources digitales et bases de données utiles

Plateforme	À quoi ça sert ?	Lien
Guinée Marchés Publics	Accès aux appels d'offres publics	https://www.marchespublics.gov.gn
Coface Afrique	Analyses économiques, risques pays, notes sectorielles	coface.com
Banque Africaine de Développement — Données Guinée	Indicateurs macro, projets en cours, rapports	afdb.org/fr
Progress Consultants et Partners Sarl	Etudes locales, rapports PME Guinée (souvent cités dans ton ouvrage)	Contact via réseaux pro

TABLE DES MATIÈRES

SOMMAIRE.......... 5

AVANT-PROPOS.......... 7

INTRODUCTION.......... 9

CHAPITRE 1.......... 15

COMPRENDRE LE RENSEIGNEMENT ÉCONOMIQUE 15

1.1 Définition du renseignement économique.......... 15

1.2. Différence entre renseignement économique et espionnage.......... 18

1.3. Rôle du renseignement économique dans la prise de décision des PME.......... 20

CHAPITRE 2.......... 25

ÉTAT DES PME EN GUINÉE.......... 25

2.1. Le paysage des PME guinéennes : structure, réalités et dynamiques sectorielles.......... 25

2.2. Les freins à l'intégration du renseignement économique dans les PME guinéennes.......... 28

2.3. L'écosystème d'appui aux PME : entre intentions politiques et lacunes opérationnelles.......... 30

CHAPITRE 3.......... 35

LES DÉFIS DU RENSEIGNEMENT ÉCONOMIQUE.......... 35

3.1. Accès à l'information économique : faiblesse des capacités de collecte, d'analyse et de fiabilisation des données.......... 35

3.2 Le déficit de compétences stratégiques et analytiques.......... 38

3.3. Déficit technologique et fractures numériques : un frein à la modernisation de l'information.......... 40

3.4. Environnement réglementaire et gouvernance de l'information : entre complexité juridique et défiance institutionnelle.......... 42

CHAPITRE 4.......... 45

STRATEGIES, OUTILS ET ASTUCES POUR TIRER SON EPINGLE DU JEU.......... 45

4.1. Formation et sensibilisation à l'importance du renseignement économique.......... 45

4.2. Démarches collaboratives et mutualisation de l'information stratégique.......... 47

4.3. Stratégie FYTI : les réseaux sociaux comme outil du renseignement économique.......... 48

4.4. Du savoir à l'action : la stratégie FYTI appliquée aux réalités entrepreneuriales guinéennes.......... 50

4.5. Chine, Inde, Turquie, Vietnam : ces nations qui vendent l'usine clé en main une opportunité encore sous-estimée par l'Afrique.......... 53

CHAPITRE 5.......... 57

DU DIAGNOSTIC À L'ACTION, CONSTRUIRE UNE FEUILLE DE ROUTE POUR LE RENSEIGNEMENT ECONOMIQUE DES PME GUINEENNES.......... 57

5.1. Organiser la gouvernance nationale du renseignement économique.......... 57

5.2. Territorialiser les dispositifs de veille.......... 58

5.3. Intégrer le renseignement économique dans les politiques de soutien aux PME.......... 59

5.4. Promouvoir l'innovation frugale au service du renseignement économique.......... 59

5.5. Mesurer, suivre, ajuster : construire un indicateur national de maturité stratégique des PME 60
CONCLUSION 61
BIBLIOGRAPHIE 63
Annexe 1 : Glossaire stratégique simplifié du renseignement économique 65
Annexe 2 : Comment utiliser ce glossaire dans la vie réelle d'une entreprise ? 67
Annexe 3 : Fiche d'auto-diagnostic : Ma PME est-elle stratégiquement lucide ? 69
Annexe 4 : numériques utiles pour la veille et le renseignement économique 73
Annexe 5 : Contacts utiles pour les PME guinéennes (renseignement, appui, structuration) 75
Table des matières 79

Structures éditoriales du groupe L'Harmattan

L'Harmattan Italie
Via degli Artisti, 15
10124 Torino
harmattan.italia@gmail.com

L'Harmattan Hongrie
Kossuth l. u. 14-16.
1053 Budapest
harmattan@harmattan.hu

L'Harmattan Sénégal
10 VDN SICAP AMITIE 3
BP 45034 Dakar-Fann
direction@senharmattan.com

L'Harmattan Cameroun
Tsinga/Derrière polyclinique FECAFOOT
BP 11486 Yaoundé
Jacques.koukam@harmattan.fr

L'Harmattan Burkina Faso
Villa 281, secteur 23 623, rue 14.32
Ouagadougou
zagbie@outlook.fr

L'Harmattan Guinée
Almamya, rue KA 028 OKB Agency
BP 3470 Conakry
harmattanguinee@yahoo.fr

L'Harmattan RDC
185, avenue Nyangwe
Commune de Lingwala – Kinshasa
matangilamusadila@yahoo.fr

L'Harmattan Congo
219, avenue Nelson Mandela
BP 2874 Brazzaville
deunovmikhael@gmail.com

L'Harmattan Mali
Immeuble Mgr Jean Marie Cissé
Aci Hamadallaye
BP 145 Bamako
syllaka@yahoo.fr

L'Harmattan Togo
Djidjole – Maison Amela
face EPP BATOME
02 BP 20680 Lomé
didieramela11@gmail.com

L'Harmattan Côte d'Ivoire
Résidence Karl – Cité des Arts
Abidjan-Cocody
03 BP 1588 Abidjan
harmattan.ivoire@gmail.com

L'Harmattan Bénin
Rue 604, (Immeuble à l'entrée
de la rue UCAO- Cite de Saint-Jean)
Cotonou
stepcorpus@gmail.com

Nos librairies en France

Librairie internationale
16, rue des Écoles
75005 Paris
librairie.internationale@harmattan.fr
01 40 46 79 11
www.librairieharmattan.com

Librairie des savoirs
21, rue des Écoles
75005 Paris
librairie.sh@harmattan.fr
01 46 34 13 71
www.librairieharmattansh.com

www.ingramcontent.com/pod-product-compliance
Lightning Source LLC
LaVergne TN
LVHW051630071026
849535LV00009BA/3519